Ulla Hahn
So offen die Welt

Ulla Hahn

So offen die Welt

Gedichte

Deutsche Verlags-Anstalt
München

Die Zeit ist ein sonderbar Ding.
Wenn man so hinlebt, ist sie rein gar nichts.
Aber dann auf einmal,
da spürt man nichts als sie:
Sie ist um uns herum, sie ist auch in uns drinnen.
In den Gesichtern rieselt sie, im Spiegel, da rieselt sie,
in meinen Schläfen fließt sie.
Und zwischen mir und dir da fließt sie wieder.

Die Marschallin in: Hugo von Hofmannsthal, *Der Rosenkavalier*

I.

Fang

Mit Dichtung mußt du was an
fangen können eine Reise
um die Welt einen Fisch
aus dem Meer – anfangen
wie eine Liebe mit vierzehn
fangen den Ton aus dem Jägerhorn

Mit Dichtung mußt du was an
fangen wollen die Fahrkarte
mußt du schon selber kaufen
oder die Angel den Engel
nicht leugnen wenn er dich ruft
trau dich ihm zu folgen

im Flug ohne Angst
vor dem Absturz oder
der anderen Welt
in die er dich führt
als wärest du dort
schon immer zu Hause gewesen

Ehe
    paar
weise und frei
willig in diese Arche
getrieben vom Verlangen
nach Vollendung nach
endlosem Anfang
wie die Ringe an unseren Fingern
Und wir halten einander
die Hand
vor Augen einander
verbergend
vorn am Bug
den furchtbaren Steuermann.

Weil nicht sein kann

Il n'y a pas d'amour heureuse. Louis Aragon

Glücklich Liebende liegen einander
auf verschwiegenen Zungen, sind sich
lebenslange Erzählung
keines Lauschers bedürftig.

Glücklich Liebende bauen kein Haus
in Romanen Opern Gedichten
Glücklich Liebende fliegen im Wind
der haftet nicht an Papier.

Glücklich Liebende tauchen
zweisam auf ruhigem Kissen
tief in ihre Kinderzeiten hinab
pflücken sich Satz für Satz von den Lippen

all diese hungrig vertanen Jahre
– Umwege Irrwege falsche Spuren –
vor diesem ersten Augenblick
da sie einander füreinander erschufen.

Glücklich Liebende scheuen wie Katzen
das Wasser das Licht.
Amtlich beglaubigt statistisch erwiesen:
Glücklich Liebende gibt es nicht.

Ach bleib
                    doch stehen
diesen einen Augenblick nur ohne Druck
auf diesen Knopf oder jenen. Halt ein
überwältigt vom Ansturm unscharfer Bilder

und schöpfe ein wenig Mut
aus dieser Quelle
in der sich unsere Hände berühren.

Fahren auf Flüssen

Willkommen an Bord! Es ist nur
ein Floß, handgezimmert aus Holz
wie ich's gerade fand – aber solide.
Es trägt mich schon
einen ganzen Tag lang
und ist längst
über fünfzig Jahre breit.

Für Flüsse ist es gemacht
vertrauend auf ihre
strömende Tiefe auf
rettende Ufer und Hände
gelenkt von Sternen und
erleuchteten Fenstern.

Willst du
aufspringen mußt du mit mir
Tag für Tag
die Balance halten – der Lauf
der Zeit macht es ganz schön
kipplig.

Dreh ich den Kopf
nach rechts solltest du dir
die Hand aufs Herz legen
Schau ich nach hinten
siehst du am besten nach vorn.

Manchmal treffen wir uns
in der Mitte – dann steht
der Fluß fast still.

Winterstürme wichen/dem Wonnemond
Siegmund in: Richard Wagner, *Die Walküre*

Sei fröhlich, Geliebter,
schon hat die Sonne
die östliche Hemisphäre durchdrungen
Die Stare kehren zurück mit südlichen Tönen

Venus am Rande des Siebengestirns
liebäugelt mit dir du
mein Stern mein Star mein Lenzlied

Mann, hol den Mond aus der Tasche
putz ihn und häng ihn
zwischen die kahlen Bäume: Und dann

laß die blassen Farben
von deinen Lippen fallen und
sing mit mir und den Staren den Sternen

bis die Knospen platzen
im zaunkönigflinken Gehölz

Im Frühling erwachen

Das geheime Licht schleicht sich ran
und wir fühlen den frischen Wind
in unseren Hirnen. Lernen wieder die Sprache

der Zunge der Augen der Nase tauen
das Grün aus den Wintereisen verändern
den düsteren Himmel ins Blau. Dreist

versuchen wir uns an den Noten der Drossel
stottern Amselvokabeln: Viel Glück! Viel Glück!
Immer weiter und blauer der Himmel

je länger wir üben: Wundern
Wunden entgegen offen
halten beides

Lotterie der Wünsche

Alle nehmen teil. Ziehung
ist jeden Tag. Du wachst
morgens auf: das hattest
du dir doch sicher gewünscht.
Schon gewonnen!

Du bewegst die Zehen: gelenkig
bis rauf zum Hals zum Kopf: alles
was drin war noch da
und die Wörter dafür passen ziemlich genau.

Alles gewonnen – in einem Nu! Du
öffnest die Augen: diese Erregung der Netzhaut
über die Sehnerven hin zum Sehzentrum des Großhirns!
Im Zusammenspiel der brechenden Flächen
von Hornhaut und Linse:
dieses niedagewesene Bild deiner weißen Kommode
umgekehrt auf deiner Netzhaut
und das Bild vom Bild von der See und vom
Vorhang (müßte mal wieder gewaschen werden)
Du blinzelst zum Fenster, deiner Sehstäbchen
Sehzapfen deines Sehpurpurs völlig gewiß:
Sonne Schnee Regen, ist doch egal: Du hast
deine klare Sicht: Hauptgewinn Volltreffer
in jedem Augenblick (auch mit Brille)

Manche haben sogar
das Große Los gezogen: es liegt
neben dir und – ja, es atmet, ist
warm und sieht aus
noch genauso wie gestern. Wenn du
dir das nicht gewünscht hast!
Und dann erst was losgeht
wenn du es einlöst,
das Große Los, und
es dir die Sprache verschlägt …

Ein Gedicht
　　　　　für dich?
So einfach ist das
nicht. Jetzt
wo du wirklich da bist.
Kein Mann: mein Wort
Mein Mann: kein Wort
Gingest du fort so
fort gäb es wieder ein Wort
für Wort und eines
das andere.
Bleib!
Ich versprech dir
dich nie zu zer
reib
en
zwischen den Zei
len
in
ein Gedicht
für dich
sind sie alle.

Liebeslied neueren Datums

Leg dein Genom auf mein Genom
Komm Liebster laß uns eilen
A C T G – G T C A
Leg an die alten Meilen

Die Stiefel, komm, und gib den Sporn
Den neurohormonellen
Den Schleifen, die das Molekül
In deinen Schaltkreis schnellen

Wo Zellkern sich mit
Zellkern paart im Maienkleide
Mein DNA dein DNA
Auf immergrüner Heide

Entschlüsseln wir uns Gen für Gen
Mit schöpferischem Triebe
Mit evolutionärer Kraft und
Großem L @ iebe.

Ferne Sonnentage
hat es vorgestern noch und gestern gegeben
Wir zerrten die Liegestühle auseinander
tranken Eistee in dem Limonenscheiben schwammen

drängten uns unterm Leinenschirm in den Schatten.
Lasen die Sonntagszeitung mitsamt den Rezepten
sogar das Kreuzworträtsel lösten wir fast

Bis uns der Kopf auf die Brust sank
Weißt du noch, sagtest du, im letzten Jahr …
Und ich sagte: Ich hoffe im nächsten …

Dein Haar
wird weniger
und meines weiß

Du siehst mich immer öfter an
wie eine Rarität

Du faßt nach meiner Hand
als wüßte ich den Ausweg

Schneezeitslied

Jetzt komm schnell Schnee
fällt und bleibt liegen
Zwei gehören zusammen
den Weg zu stapfen. Nimm

mich bei der Hand und
mach den Schirm zu
der nächste Schritt
ist doch klar Mann:

Zwei Flocken ein Paar
weißes Hochzeitsgetümmel
Es schneit es schneit und
der Schnee bleibt liegen!

Jetzt

Als sie zu Ende ging in dieser Nacht die Welt
und wir die Explosionen hörten nicht weit weg
Lautsprecher über Feuersbrünste informierten
verseuchtes Wasser letzte Lebensmittel weggeschwemmt

als sie uns immer wieder warnten
im Haus zu bleiben ohne Laut zu geben
da standest du am offenen Fenster
im Zimmer hinten brannte eine Kerze

Wir zogen hohe Stiefel an bereit
wohin auch immer fortzugehen
Wir setzten uns an unseren kleinen Tisch
Du holtest einen Apfel aus der Hosentasche

und teiltest ihn in viele dünne Scheiben
die fütterten wir uns – zuerst mit unseren Fingern und
dann von Mund zu Mund bis auch der Apfel weg war
Wir standen auf und tanzten rundherum

langsam im Kreise ohne Lieder rundherum
Nach einer Weile fingen wir zu summen an
als diese Welt dabei war jetzt zu enden
all diese Jahre all diese Nächte auch.

Versuchen wir
noch einmal jene Liebe zu feiern
die einst unsere sterblichen Knochen mit
Ruhe und Aufschub durchtränkte

Legen wir
noch einmal Häute um Häute offen
die Poren und lassen sie offenstehen
als wehte der Wind nicht kalt
um die Mülleimer hinterm Haus
unter ledrigem Efeu verborgen

Pfeifen wir
unsere alten Lieder vom Wandern der Steine
nackt mit dem Rücken zur Zukunft
und nach Noten die wissen
wann eine Sach ein End hat

Ruhig

Du bist nicht da aber ich
bin ganz ruhig.

Pünktlich fahren die Züge
heben die Flugzeuge ab
legen die Dampfer an

Ich bin nicht da aber du
bist ganz ruhig

Noch müssen wir es
einander nicht antun
dieses eine einzige
Nimmermehr

Wenn nur eines
meins oder deines
weiterschlägt

Verbesserte Auflage

Nur noch wenige Schritte dann
wird sie ihm wieder gehören hören
beschwören sein Lied das ohne sie
ihm versiegt. Hals Nase Ohren
die Augen die Haare den Mund
und so weiter wie
will er sie preisen allein
zu ihrem ewigen Ruhm.
Als eine Stimme anhebt.
Orpheus hört:
die zum Lauschen Bestellte fällt
singend ihm in den Rücken.
Da
dreht er sich um und
da
gleitet aus seinen verwirrten Händen
die Leier. Die Eurydike aufhebt
und im Hinausgehen schlägt in noch
leise verhaltenen Tönen. Hals Nase Ohren
die Augen die Haare den Mund
und so weiter wie
will sie ihn preisen allein
zu seinem ewigen Ruhm.
Ob Orpheus ihr folgte
lassen die Quellen im Trüben.

1980, »Herz über Kopf«

Eurydikes Lied

… er folgte mir.
Und als ich weiter sang
so sang als wäre er mir nicht gefolgt
da sang auch er.
Was mir wie Weinen klang
zunächst doch dann
– als hielte ich die Welt
wie eine Muschel an mein Ohr –
wie See wie Mond.
Ich seine Sonne.
Die er umkreist wie ich umkreise ihn,
der mich umkreisen und
Tiere Bäume Steine singen läßt.
Er folgte mir
Und als ich weiter sang
so sang …
da sang auch er …

Leben beginnt

Im Frühjahr bekränzen wir unsere Stirn
mit der ersten Vogelmiere Pestwurz
Huflattich ganz egal. Hauptsache grün.
In den Vorgärten brechen die Küsse durch

ihre winterfeste Verschalung
und die jungen Frauen ziehn aus der Hüfte
Kinderwagen und maln sich die Lippen
Hei ho hol über Sommerjungs Mondmann um

Mitternacht Augen gradaus und ringsum und gehn
über. Verrückt? Aber nicht doch. Leben beginnt
mit Taschenspielertricks. Nur wenn du
das Ganze von hinten liest heißt es Glück.

Auswendig lernen

Auswendig lernen möchte ich dich
wie ein Gedicht.

Immer wieder lesen
Silbe für Silbe Wort für Wort und
zwischen den Zeilen
strophenlang jahrelang lebenslang
dich buchstabieren
mit dem Gaumen des Herzens.

II.

Für Hilde Domin

So
gerne beginne ich ein Gedicht
mit einem
So
als wüßte ich wie
man die Welt hochwirft
So
daß der Wind dazwischenfährt
und die Scheiben putzt
So
daß der runde Mond durch
scheint in alle Ecken
des Gedichts und die Wörter aufdeckt
Motten und Fledermaus wachgeschreckt
schwirren jäh in sein Licht
So
daß die Glocken läuten
zwischen den Zeilen
und ich schwing das Seil.

Zwei Seelen

Da gibt's eine in meiner Brust:
hübsches Gesicht helles Haar
blauäugig freundlich gewandet
und sanft. So sanft und sauber
zufrieden und fein

Und da gibt's die andere:
mondbesessen verdreckt
strähnige Haare Chiffon zerfetzt
die Lippen zerbissen Füße zertanzt.
Sie kennt die Lieder.

Nänie
oder
Kirschen Pfirsiche Pflaumen

Ach du mein lieber Maßstab wohin
bist du entschwunden? Wer hat
dich zu Schanden geschunden? Ach du
mein lieber Einziger Keinziger – Ach

Wohin ging die Wahrheit der Dichter
aus rowohlts deutscher enzyklopädie
Ins grüne Akkordeon? Odeon?
Zeter und Mordio? Maßstab Maßstab

neidliches Schwert – Bilanzen Vakanzen Kadenzen
(und alle Bereiche geschieden für immer)
Lebensessenz starke Bilder in leere
Köpfe – ach lieber Maßstab – nichts

von Natur aus – zu viele Ziffern da
heutzutage, Ziffern und Zahlen die
meine Wirklichkeit schrumpfen – kein
Blick mehr aus dem eine Seele

bricht, Maßstab, nur klägliches Wirrsal
der Dinge zu fern zu nah
Augen zu Wörtern geronnen da starr ich
hinein immer tiefer hinein in das Leere

zwischen den Lettern Zerfall. Du lächelst,
Maßstab? Schiebst mir ein Glas
übern Tisch. Schenkst ein. Gehst.
Drehst dich nicht einmal um.

In deiner Spur viel Stroh (von Worten)
und ein paar Kerne (von Kirschen Pfirsichen Pflaumen).

An Madonna Laura anno 2004

Wäre es deine tastende Hand
dein süßes Gesicht nur gewesen – Zeit
hätte längst beides verzehrt deinen Atem
verweht wie ein Blatt das sich regt

auf dem Herzen – wo er sein Paradies
gewiß hätte gefunden –
all die Rundungen deiner Haut warm
von der Liebe bewegtem Blut

Wäre es Liebe gewesen sie wäre mit dir
zu Staub zerfallen – so aber gefällt
sein Verzehren nach dir noch immer
– Worte dauerhafter als Erz.

Francesco Petrarca wurde am 20. Juli 1304 in Arezzo geboren. Seine Sonette an Madonna Laura machten ihn weltberühmt.

Für RMR

Ich sehe den Jasmin im Hinterhalt
nicht mehr. Der Wirrwarr in den Bäumen
hat sich gelegt. Der Mond

setzt seine Segel für die Wolkengaffer
die unter unseren dunklen Linden stehn
nicht hören wie die Engelsflügel krachen

bei ihrem Sturzflug auf die arme Erde –
sie fallen mit verneinender Gebärde
wie Laub vom Baum der längst geschrieben ist.

Danksagung

Nachts
wenn sie alle grau sind
ein paar Gedichte
wie schwarze Katzen rauslocken
mit einem Vollmond
wie ihn einst Goethe sah
oder der mit dem kranken Nachbarn
als hätt' der Himmel die Erde still …
aber
schon untergegangen der Mond
und die Plejaden
Ich liege allein

An den Mond

Füllest wieder Busch und Tal …
und bist doch selbst schon seit
Raketen-Ewigkeiten Grund
besitz der NASA – real estate

Meine Augen aber noch immer
die der heidnischen Sappho
und des frommen Claudius
sehen dich als runde beleuchtete
Scheibe oder als ☾◗

Und noch immer
schaust du auf mich herab
(und auf die NASA)
und zwingst mich
wie meine neolithischen Ahnen
die Augen zum Himmel zu heben

und mitunter lösest du
endlich auch einmal
meine Seele ganz

Apfelmond

Diesen Apfel am Baum
laß ihn hängen

bis er sich widerspiegelt
im Mond

Dann pflück dir den
saftigen Klang aufn

Stückchen Papier
Und beiß rein!

Dichterlesung

Eine Schulklasse kichernd in den hinteren Reihen
Lyrik Leistungsstufe eins: Bildlich gesprochen
Und nun suchen sie live zu erfragen:
Was will uns der Dichter damit sagen?

Da sitzt sie buchstäblich, ziemlich klein
und schon grau und die Schuhe!

Sonst sind wie immer mehr Frauen gekommen
Kinder ausm Haus und jetzt musenverliebt leib-
und seelenvergnügt, fühlen sich viel zu jung
für ihr Alter und gehen in erdnahen Schuhen wie ich.

Auch Herr E. Litère ist da. An seinem Mangel
an Muskulatur erkennbar, bebrillt und in höhere
Bildung gebettet:
Hätten Sie den zweiten Hyndekasyllabus nach dem dritten
Hendiadyoin
nicht onomatopoeitisch transferierend transzendieren müssen?

Nah der Tür – damit sie's, wenn's sein muß, aufs Klo schafft –
das alte Paar: so ähnlich einander so innig verschmolzen
wie Wort und Ding im Gedicht.

Hufe scharren. Ich setze mich gerade: auch mein Pegasus
ist nur ein Pferd unter Engeln.
Mal hören, ob er heute abend fliegt.

In den Abend hinein
oder
Leserliches Vergnügen in fis Moll

Wer den ganzen Tag im offenen Buch
in den Abend segelt – wo
landet der an?
In Moskau? Paris? In Schmerzen? Im Glück?
und zum Glück in fremden Schmerzen
aus Buchstaben auf den Papieren Hekubas
Gibt es Schöneres als
so zu leiden   so   sich zu weiden
                        am Leiden
                so
zu genießen wenn Tränen fließen
                da
zwei Liebende sich für immer
trennen
auf Seite zweihundertzehn
und sie stirbt an gebrochenem Herzen
dabei ist er zwei Seiten weiter
schon auf dem Weg zurück
zu ihr   im offenen Boot Buch
– oh Bächlein liebes Bächlein –
in den Abend hinein

Erfindung

Eine Geschichte erfindend mit Gras
finde ich einen Grashüpfer mittendrin
Ich kann ihn einfach nicht festhalten
er ist schneller als Finger und Augen

Und er ist frei, seltsam, ohne mich.
Sein Körper hin und her im Grünen
hüpft er aus der Wiese hinaus
in die helle Sonne dieses Gedichts

auf meine Hand und davon.
Ich finde mich tief in meinem Leben
fühle von Augen- zu Augenblick
wie es mir auf die Hand hüpft und weg.

Blick

der mich trifft, als stieße man ein Fenster weit
auf – Lichttrauben Landwein übergrüne Bäume –
Blut contra Tinte – Räume in der Zeit
Blick, der mich ahnen läßt, was ich versäumt

auf dem Papier kahl schreiend weiß vereist
vor Schicksalslosigkeit geklammert an ein Alphabet
erbarmungsloser Zeichen und keines das beweist,
daß ich noch lebe, daß noch etwas geht

durch mich hindurch wie dieser Blick,
der mir die weiße Wolke aus dem Himmel holt,
mir kühl auf meine Stirn legt und zurück

verlockt die Hände auszustrecken, bis sie nur
noch begreifen, was sie schon verloren
den Blick die Spur

Schreiben I

Ich spreche die Sprache der Toten
Wörter beladen mit fernem Leben
ferne Lieb ferne Lust fernes Leid
und doch mir so nah und so eigen
wenn ich sie unter der Zunge erwärme:

Extrakt aus den Knospen wilder Rosen
ihr scharlachroter Geschmack
Rund und kühl wie
Kiesel im Bach hart
wie Kristall so zerbrechlich.

Eile und Verspätung

Traum von
                    Namen nackt wie die Dinge
die sie verhüllen

Körper schreiben und einsgeworden
mit ihnen die Kleider

Centaurus schreiben aus Satz
und Gegensatz Mann und Frau

Albtraum vom
                    Wasser schreiben das steigt
hoch an mir wie die Jahre
darin immer mühsamer
vorwärts zu waten oder auch nur
zu den anderen

Schreiben II

Pack alles zusammen was du tragen kannst.
Es ist wichtig
der sinkenden Sonne entgegenzugehen
sich abzuwenden von allen
mit kalten Augen.
Ich geh jetzt. Ich weiß nicht warum. Ich weiß nicht wohin.
(Sag nie: Auf Wiedersehn) Nimm mit was du willst
Sind doch nur Kleinigkeiten, immer nur Kleinigkeiten.
Jetzt bist du aus dem Haus wo alles zu viel bedeutet.
(Schmeiß weg, was du glaubtest mit dir nehmen zu müssen)
Du wirst unrein vogelfrei je weiter du gehst du vergißt
dein Paßwort du gehst tanzend sprichst ohne Bedeutung unter
aufgehendem Mond mit einer Stimme die du noch nie
oder lang nicht gehört hast
Weiß Zeilen Stein Baum
Lampe und Mond fließen in einem Erinnern zusammen
Etwas riecht richtig etwas zuckt ruckt flattert
etwas fällt runter bleibt liegen
Da ist die nächste Haustür gleich da
Es ist wirklich wichtig in die sinkende Sonne zu wandern
Und nie zu erzählen wo du gewesen bist
was du getan hast.

Das verborgene Wort

Nicht größer als ein Daumen
dieses Früchtchen in meinem Herzen
aber
blutsverwandt meiner Hand
die zum Stift greift
wenn es sie zwingt
den Stift zu greifen
und wieder zu kämpfen
mit ihm bis es sich
sehn lassen kann
hören und singen.

Creation

Mein Kind
hat die Hüften vom Vater
Rhein das Haar
von Gold gesponnen
märchenhaft Müllerstochter
Die Augen von mir und auch
meine Hände besonders die Rechte
die hält die seine mit ihrem
Stift fest. Den hab ich von mir.

Wetter für Wörter

Wörter im Sommer die dir das Eis
von den Zeilen lecken daß es dir
zwischen den Fingern davontropft
süßes Rinnsal Lippengerinnsel

windige Wolken und Wellen
Rote Welten hinter geschlossenen Lidern
Duftjagden wortlos alles Benennen
von Hitze erstickt   nur die

Würstchen vom Nachbargrill
setzen sich durch die reine
Dichtung einfach hindurch und
drüber hinweg wie der Hund der

jetzt in die Holzkohle jault
Schnauze verbrannt
wohl noch nie was von Gnade gehört
die diese späten Junitage segnet

tief in die hellen Nächte tief in die
Atemzüge der Wörter im Sommer
Brot und Oliven Käse Tomaten
Honiglicht in den Bäumen

etwas knallt
und noch einmal der Nachbar
macht seine dritte Flasche auf
oder die vierte im Kreis der Familie

auf seinem Betongußplateau
unter flackerndem Glühbirnenlicht
stellt er das Radio an: O sole mio …
Wörter im Sommer

jung und frisch und wie neugeboren
waren sie noch als sie morgens
über den Himmel plapperten und
übers Wetter für Schwalben

gab's noch keine rote Karte
nichts als Geburtsanzeigen
in Beeten Spielfeldern Bibliotheken
vogelfußförmig gedruckt die

neuesten Gedichte auf gekräuseltem
Nelkenpapier Krähengelächter fern

Metamorphose

Viele Vögel flogen vorbei bis endlich der Heilige
Geist in Gestalt einer Taube versteht sich
seinen Ring vom Bein herunterstreifte und vom Himmel hera

warf der Wunderliche. Nun war er frei. Ich
hielt den Ring in der Hand, einen von dreien, versuchte ihn
überzustreifen durch Nase und Ohren zu ziehen. Vergeblich.

Der launische Draht wollte sich mir nicht beugen.
Sehr hoch kreiste ein Täuberich über mir
Kaum zu erkennen. Kam näher. Verschwand

irgendwohin. Mir im Sinn blieb der Ring. Da
ließ ich ihn liegen. Später im Jahr
wie gurrte in all meinen Sinnen ein Taubenpaar.

Und so fort

In Texten und Bildern begibt
sich das Leben einfach und besser wie
stille Post in Texten und Bildern
noch einmal leben und immerfort immer
fort von Texten und Bildern leben
die Bücher schon auf den Sinn hin   du
lächelst   du lebst   jetzt   nicht morgen   sofort
das einzige Wort für Leben ist: Hier.

III.

Ja Früher

Ein schöner Mund ein Schleier
der sich hebt an einen Baum gelehnt
dem Bächlein lauschen und überm
hohen hehren Wolkensaum ein Küßchen
mit dem Alten Wahren tauschen

Ja Früher als wir saßen lang und sprachen
auf kalte Nebelbänke niedersanken
und dann und wann ein weißer Elephant
und Königssöhne durch die Wolken brachen
den Becher Weines in der kühlen Hand

Das war ein Singen in dem ganzen Heere
so grün die Weide und so kurz die Frist
Die Fackel nimm und geh bis in die Nacht
am Vordachpfosten hängt das Sternenzelt
und hinter tausend Stäben keine Welt.

Altern lernen
wie Kisuaheli oder Suoskrat

Eigenschaftswörter zuerst
weiß für die Haare
welk für die Haut
kalt für Blicke und Lippen
bitter hart allein

Dann die Wörter fürs Tun
vergeben vergessen dulden sich beugen
zurück
blicken gehen denken sehnen
zurück
lehnen auch

Hauptwörter zuletzt
allen voran: die Geduld
Der Verlust. Der Abschied. Die Trauer.
Demut.
Altern lernen
wie Muttersprache
das ABC des Verlernens.

So offen die Welt

Wenn der Baum seine Blätter verliert
seh ich gern
seine wahre Form erscheinen

Deine und meine Augen so klar
(Skelette beginnen zu weinen
nach Fleisch und Drüsen nach Haut und Haar)
Wein so rot und Brot so weiß

aus dem Körper fährt der geknechtete Geist
formt sich Lippen und Küsse
aus purem Eis
Wörter so schwarz wie vordem so weiß
Weiß beim Öffnen und schwarz beim Schließen

Daß so offen die Welt wie
das Ende sei wie das Ende am
Ende ⌣ ⌣ – Kunst:
den Verlust zu genießen.

Pfeifen

Es beginnt so um die Dreißig
wie Kinder pfeifen, wenn sie
in den Keller steigen
die Treppe hinab
immer tiefer hinab
voran abwärts voran
Von Dreißig nach Vierzig
Von Vierzig nach Fünfzig
Alle pfeifen und gehen
lustig voran
schwungvoll voran auf
federnden Stufen rotgoldenem Teppich
voran abwärts voran
immer tiefer hinab
Von Fünfzig nach Sechzig
Von Sechzig nach Siebzig
das Pfeifen wird schriller
Hört her! Wir
sind noch da,
pfeifen noch immer
gehen noch immer
voran abwärts voran
auf glattgehobelten Stufen
immer tiefer hinab
Von Siebzig nach Achtzig
Von Achtzig nach Neunzig
immer dünner das Pfeifen
unsicher das Tappen der Füße
voran abwärts voran

ohne Geländer die Hände
zucken von schmierigen Wänden
zurück wo sich Bewurf löst
voran abwärts voran
tastet der Fuß auf glitschigem Stein
immer tiefer hinab
und du glaubst
hier sei noch niemand
vor dir gewesen   aber du bist
immer der erste immer
der einzige   ganz   allein
auf deiner letzten Stufe
torkelnd
der Finsternis ins Herz.

Die Sense
                    wird in aller Ruhe geschliffen
Obwohl die Sonne schon sinkt
wird sie noch immer geschliffen
Rück- und Vorderseite fest eingespannt
das Wetzwasser ausgetauscht
wird sie wieder und wieder geschliffen.

Als wüßte er nicht, was er tut
konzentriert er sich,
allein auf diesen Augenblick des Schleifens,
glaubst du
hinter grünen Blättern versteckt vor ihm
wie er vor dir.

Kapitulation

Wenn mir der Sommer allmählich bis dicht
ans Papier wächst rote Lupinen und Mohn
und Meisen im rostigen Flieder: außer Sicht
geraten mir dann Siege und Siegesbeweise. Schon

gehn die Patiencen auf. Alles ist schön
und beständig wie ewiges Leben. Keiner mehr
von Belang. Nichts kann mehr verloren gehen
wenn alles verloren gegeben. So sehr

gewaltig das Winken der blühenden Zweige
die Silhouetten der Amseln ihr Locken
holen mich ein in den großen Bogen ich neige
freudig mich dahin woher er kommt.

Noch keine acht

Immer wieder dein Blick
zur Uhr wie
auf einem Bahnsteig als
hätte dein Zug Verspätung
oder die Uhr stünde still
Der Zeiger ruckt die Sekunden
vorwärts. Es regnet.
Es schneit. Schon sechs.
Du kommst aus
der Schule: Du schaust
auf die Uhr. Sonne
scheint. Halb sieben.
Es regnet. Es schneit.
Sonne scheint in die
Fenster der Städte
die an dir vorbeisausen
als säßest du im ICE.
Es ist sieben. Du siehst
in den Spiegel: dein Gesicht
ein Spiegel der fliehgenden Zeit.
Deine Kinder gehen
aus dem Haus in den
nächsten Zug. Halb
acht. Grau wird dein Haar.
Die Sekunden rucken. Du
schaust auf die Uhr. Fast acht.
Keine Zeit mehr – du
schaust auf die Uhr –
den Zug zu wechseln.

Die Sekunden rucken.
Es hört auf zu regnen.
Es hört auf zu schneien.
Noch keine acht. Die
Sonne hört auf.
Die Sekunden rucken

Einmal noch

Weißt du noch
fragen die Freunde von damals
damals: als wir zum ersten Mal
als wir zum letzten Mal

als wir noch
als wir schon
und so weit entfernt
vom Maul dieser Krake

der wir jetzt so tief
schon im Schlund stecken
Weißt du noch
damals damals

Als ließe die Bestie sich
mit schönen Worten betören
uns noch einmal herauszuwürgen
bevor sie uns vollends hinabschlingt.

Verfallen

So viele schon vergessen
denen wir schworen:
Ich werde dich nie vergessen
und glaubten, daß »nie«
wenigstens reicht bis zur Rente.

Dafür stößt uns jetzt immer öfter
plötzlich und unerwartet
(wie es in Todesanzeigen heißt)
was wir vergessen wollten
was wir vergessen glaubten
als wäre es nie geschehen
wieder ins Hirn und die Haare
an Armen und Beinen
stellen sich wie unter einem
kalten Windhauch auf.

Und wir kneifen die Augen zusammen
um im Kind im Mädchen dem Mann
uns selbst zu erkennen
und der Herzschlag steigt in die Kehle
und die Hand holt nach einer
längst verfallenen Zärtlichkeit aus.

Standort. Bestimmung.

Kosmischer Reigen zeitgemäßes Weltbild
Formen von Algebra erfaßt
und fest: Koordinaten: deine
meine Augen und ein Gehirn zur Rast

dich ladend in Begriffe Zeichen Formeln
wie in ein mittelalterliches Kirchenschiff
Da bist du sicher. Relativ. Solange
dich Zeit und Raum als ihren Gast

bedienen: dich in den Netzen
der Gesetze halten. Tägliches Leben
dich erleben lassen als sei es nicht

im Satz so gut wie auch im Gegensatz
zu Haus, Veränderung verändernd und ergeben
dem Alles fließt und Nichts an seinem Platz.

Ledig weiblich Ende dreißig

Eine Frau zieht sich aus
im durchsichtigen Nachmittagslicht
der Geruch ihrer Haut
wie nach leichten Verbrennungen

Blaue Flecken bringt das Licht
zum Vorschein, reife Abdrücke
überall auf ihrem Körper: Spuren
von Händen, die sie berührten im

Vorübergehen wie man
Früchte berührt in den
Auslagen der Obstläden
– und liegenläßt.

Eine Frau zieht sich aus.
Tauscht ein Sommerkleid gegen ein Herbstkleid

Kanal

So entspannt das Wasser
am Abend wenn es sie alle

heranholt und einläßt:
die dunklen Böschungen

durch Gestrüpp und Wasserrosen
weiße Bänke aus ferner

gelegenen Gärten schwerfällig
schwankende Villen

sickerndes Licht die Simse
der hohen Fenster hinab

Und darüber der Mond
im Spiegel so nah

seine kühle stille Maske
dahinter all die Gesichter

der Toten dringen durch
die Wasser des Vergessens

schwer werden die Schritte
auf meinem nächtlichen Weg.

Mitten durch

Helle Abende noch   gnädige Zünd
Schnüre   schräge   mitten   durch Kronen von Laub
Licht verdickt sich in Sirup von Äpfeln und Birnen

Trächtige Schatten Blätter und Beeren süß und bunt
wie alte Heiligenbilder
Wir aber ohne Vertrauen glauben dem Unsichtbaren

Es ist der Wind der die Zeit bemißt
sein heuchelndes Fächeln
Oh Sanftmut der hohen Topinambur unterm

Wind der schon Winterkeit mitführt so
eine winzigfeine Winterkleinigkeit   Jetzt sing
von den Tränen der Dinge

Mit bewegen

Königlich bewegt sich mein Herz
füllt mir die Segel zur Fahrt
durch den weiten gekrümmten Raum
der sich bewegt und bewegt wird
den ich mitbewege meine Ewigkeit lang
meine Spanne unendlicher Freude
Neu zu entdecken von allen
denen nach mir das Segel gesetzt wird

Tag im Herbst

Zerstreut kratzt der Wind
letztes Laub aus den Zweigen
Melodien zersplittern in
schrille Lieder vom Weggehen

Aus der Sonne umzingelt
von Wolken fallen Licht
stücke von den Dächern
schlagen auf den Asphalt.

Alles heute ist schwer:
buntes Glas in
Blei gefaßt für ein
Bild aus der Bibel.

Schön
auf dem Bahnsteig in einen Apfel zu beißen
Durchreisende unter durchreisender Sonne.
Zurücktreten bitte.
Zeilen schließen selbsttätig.

IV.

That's life

Meistens kommst du dir vor
wie 'ne Fliege
mit einem Bein
im Leim.
Fünf Beine frei – aber
das eine!
Entweder
du opferst es
und hinkst voran
oder
bleibst kleben.
That's life seit Adam und Eva
vertrieben wurden aus dem Paradies.

Ermutigung

Hier ruft keiner mehr an und du
bist gezwungen nach eigenem
Code zu leben. Allein gehst du
hierhin und dorthin. Zu trauern

ist dir erlaubt. Umdrehen
darfst du dich auch deine Schritte
am Himmel verankern
kopfüber rollen die Straße entlang

leben nach deinen Gesetzen
der Schwerkraft. Angst hast du
zu zeigen dein wahres Gesicht?
Nur ruhig: Sie erkennen es nicht.

Der Himmel der Tiere

Hier sind sie. Die weichen Augen offen.
Lebten sie in einem Wald
ist es der Wald.
Lebten sie in der Prärie
wogt das Gras unter ihren Füßen für immer

Für manche von ihnen
wäre das nicht der Platz
der er ist – ohne Blut.
Diese jagen wie immer
aber mit Klauen und Zähnen

jetzt perfekt: Tödlicher
als sie es je für möglich hielten
Stiller und stärker schleichen sie
in den Wipfel des Baumes
und ihr Absprung

auf die lockenden Rücken der Opfer
ein Strom äußerster Freude
dauert Jahre
Und die Gejagten
erfüllen sich selbst ohne Schmerzen

erfahren entrückte Vollendung.
Sie beben sie gehen
unter den Baum in der Mitte des Kreises
sie fallen sie werden zerrissen
sie stehen auf und sie gehen erneut

Kinderzeit

Über roten Ziegeldächern
krähen die Hähne. Mein Fuß
streift durch rauhreifweiße feuchte Wiesen

In meinem Kinderdorf bin ich
wo der Tag sich weit aus
in den Abend streckt und

»morgen« ein leeres Wort ist
wie »gestern« oder
wie »Ewigkeit«.

Landunter

Weiden – am schönsten
an den Ufern träger Flüsse
die im Frühjahr ihre Fasson verlieren

bis nur noch die kahlen
Köpfe herausschauen
wie auf alten Gemälden aus Holland

oder auf verblichenen Ferienfotos
grüngrau und im Vordergrund
Tanten und schwarzweißes Vieh.

Aber nirgends laufen sie so
frei herum wie in
unseren Kinderspielen

Verstecken am Rhein
wo unsere Augen weidengrün
und zu Möwen wurden fernegeil

schaukelten auf den Wellen
nach Rotterdam und weiter zu den
Wracks im Meer ihren Schätzen

Nach Hause

Eines Abends kommt
aus der Kirche in seinem Stadtteil
ein hübscher kleiner Junge, macht sich
auf den Weg nach Hause

Es wird langsam dunkel
und er drischt seinen Ball
steilhoch Richtung Himmel
auf dem Weg nach Hause

Auf der ruhigen Straße
halten Menschen und Bäume die Luft still
und der Himmel fliegt vorüber
und sieht einen Traum.

Liegt in der Luft

Kein Foto keine CD. Alles nur
Luftzug und Nase. Frisches Brot
der erste Zwiebelkuchen vom
Blech Hefeteig fedriger Wein

Nüsse schwer und naß
aus den Schalen gebrannte Mandeln
Rostbratwurst mit Senf   Eternity
aus der Drehtür der Parfümerie

seidener städtischer Regen vornehm
befeuchteter Staub Reifengummi
reibt sich auf nassem Asphalt Reizungen
aus den Antiquariaten verdorrtes

eitel Papier Laich und Kastanien
Kerzen von den Hängen vom Fluß in
unsere Nasen unsere Phantasie unsere
Umarmungen nachts wenn es der

Tiefe entströmt den Dingen
entweicht und aus Zerbrochenem
stärker drängt aus Zerriebenem
Zerstörtem uns mit äußerster

Leichtigkeit und von allen Seiten
umhüllt flüchtig gestaltlos kosend
beißend durch alle Masken des Leibes
unantastbar ungreifbar verborgen

Beredt

Die Unschuld verloren das tropft
in den Zuber Cyber space Spaß
muß sein hats gemacht hab mich
ka putt putt ge lacht und da
laß ich keinen mehr
rein zum Lachen ist das hab ich
das schon gesacht Verzeihung
das sollte nicht sein der rote
Fortschritt im Schritt zu eng und am Ende
ein hinkendes Bein.

Für gewisse Realisse

Utopien
sagt er als spuckte er
eine Gräte aus
seinem büroklammerförmigen Mund.

Alles schon immer gewußt
und das besser
– wie und wer
wird Millionär? –
Immer schon feste
auf dem Boden der Tatsachen
– wo sonst? –
und mit beiden Beinen
– wie sonst? –

Aber am liebsten
breitbeinig singend durchs Flachland
der Beweise und Deduktionen
in die Nähe der Berge wo ihm das Echo
als Antwort auf seine Fragen
so lieblich zurückschallt
und die eiserne Ration
Hab – ich – doch – gleich – gesagt
Hab – ich – doch – kommen – sehen
ihm wie Babybrei
auf der Zunge zergeht.

Alles haben

Angst wird bald alles haben
in Zügen Flugzeugen Straßencafés
bei Nacht und Tag und
den Stunden dazwischen Angst
wird bald alles haben die Jungen
die Alten die Heißen die Kalten
an meinem Finger der Ring
in der Stimme das Wort: Angst
wird bald alles haben Löwe und Laus
die Bösen die Guten Gesunde
und Kranke Sterben Gebären
Kinder und Katzen
dumm und schlau arm und reich
Begräbnis und Auferstehen: Die Angst
wird bald alles haben.
Sie sitzt auf der Bank im Park
in der Sonne im Schatten im Kochtopf
organisiert Konferenzen Kongresse
tritt in talk shows auf in den Bergen
im Wasser verwaltet die Akten stempelt
Leben zum Todeszellenpapier drückt auf die Tube
der Arbeitslosen wühlt sich in ihre Bezüge ein
nistet unter Tischen und Stühlen brütet
in Kniekehlen Büchern Gazetten die Angst
wird bald alles haben.
Sie geht nabelfrei narbenfrei geht
nie zu Ende die Angst
wird bald alles haben.
Spiegel Bilder und Spiegelbilder
die Leichen im Keller und die auf den

Feldern Schlachten und Märchen die
Angst wird bald alles haben
Fakten und Silberpfeifen
Farben und Töne die Höhle
in deinem Mund. Sie hat
meine Stimme und deine
die von nebenan sie hat alle
Stimmen in Stadt Land und Fluß
Nichtsnutze und Weise die Angst
wird bald alles haben. Manna
frißt sie und die Wärme der Wörter
das Licht aus den Kronen der Bäume
Unsere Küsse wird sie erzwingen
unsere kleinen Wege ums
Wasser unsere Geschichten und
die der anderen jeden Ball
den wir zu werfen versuchen
fängt sie in ihren Begräbnisarmen.
Die Angst wird bald alles haben. Auch
den Mut zur Angst vor
der Angst die Angst wird
bald alles haben die Angst
die Segel zu setzen
die Angst wird bald alles haben
auch
unsere Angst vor dem Wind
vor Angst
wird sie bald alles haben die
Angst   alles nur
keine Angst

Alles, was du mir gegeben hast, Deutschland

Alles, was du mir gegeben hast, Deutschland
nördliche Meere, Wälder, Gebirge
Hügel und Seen, den Rhein
Alles, was du mir gegeben hast,
Gedichte, Musik, die Märchen aus uralten Zeiten
gehen mir nicht aus dem Sinn den Sinnen
sind mir eingeschliffen unter der Haut

Und was du mir aufgezwungen hast, Deutschland
diese Schande der Dutzend Jahre als du
Land der Liebe... die eigne Seele geleugnet
läßt mich gehen
mit einem Schritt wie keine andere

Ich verberge es nicht.
Aber ich gehe vorwärts.

Alles, was du mir gegeben hast, Deutschland
deinen Fleiß und deine Neigung fürs
Eingezäunte – du bist
nun mal ein spätes Mädchen –
Und doch: Jetzt
von soviel südlicher Anmut verjüngt.

All das, Deutschland, hab ich von dir
Woher nur die Angst vor dem Mut,
sich zu freuen, an dem,
was da ist – so ein
unschuldiger Entschluß
und das Pathos der Hoffnung
(als wüßte man nicht Trotz
dem, was fehlt)

Eroberer

Für die Dinge in seinem Kopf –
die narbigen Bäume vor seiner Hütte
im lange verlassenen Dorf
für die staubigen Büsche und ihr
verborgenes Leben für die seltsamen Muster
der Zementflecken überm Bett
für die Spur der Ameisen zwischen den Steinen
und den Wespenschwarm in den Tamarisken
für die rote einzige Heimatsonne –
behält er die Wörter in seinem Kopf.

Manchmal aber,
wenn der Sohn am Abend mtv abschaltet und mit
Jan Kevin Özimir und Friedrich in die Disco zieht
seine jüngere Schwester überm Urfaust brütet
und die Frau schon schläft
fährt er mit der Hand über all die schönen Dinge
all die guten made in germany-Dinge
und flüstert, die Hand auf dem Polstersessel:
koltuk, ocak, çamasır makinası
zieht die Schuhe aus ayakkabı sagt er
und çorap zu seinen Socken
rückt ein Foto zurecht und flüstert
die Namen der fernen Gesichter

Schaut hinaus
aus dem Fenster und sagt: eşek
şarap şişesi, kahve, kestane
Kastanie, sagt er, mein Auto, sagt er
mit einem kühnen Akzent.

Die türkischen Wörter in ihrer Reihenfolge: Polstersessel, Herd, Waschmaschine, Schuhe, Socken. Esel, Weinflasche, Mokka, Kastanie.

NYC, 54th, West

Mach das Fenster auf   Hilf dir selbst
draußen
                                        die Stimmen der Stadt
werden leiser
Was willst du   der Himmel
wird dunkel und grau
die Geranien vorm Fenster
schnurren wie Katzen
Noch weiter   fröhliche Stimmen
balancieren über Feuerleitern und Firste
Weit auf   Tief atmen
bis in die Fingerspitzen der Hand
ihren Erfindungen hinterher
auf einem fremden freundlichen Tisch

Ist das dein
Geheimnis, Leben:
diese Tage
an denen sich jeder der Liebe fähig fühlt?
In den schönen Schemen haust heute
kein Krebs, die geballten Hände
lösen und streicheln sich, in der Ferne
verwesen die Kriege und der Frieden
ist auf unzähligen Beinen unterwegs

Im Märzen

Ich dachte sagt sie ich hätte nur die Wahl
die Entbehrung zu lieben
oder gar nicht zu lieben

aber wenn ich den Dingen auf den Grund ging
fand ich nichts Kümmerliches
vielmehr Fülle und

Sättigung: staubiges Riedgras
am Teichrand Tumult
von grauen und grünen Schwüren

ein ganzes Wörterbuch voller
Versprechungen alte und neue
Töne und Farben

erworben in einer langen Geschichte
der Helligkeit. Woher diese
Strenge des Monats März

der um seine Segnung kämpft
wie Jakob mit seinem Engel:
Ich lasse dich nicht …

Der Himmel unentschieden. Grisaille.
Bleiern der Teich vereist
durchsichtige Tiefe

Jakob im Morgengrauen mit verrenkter Hüfte
Aber gesegnet   so wie
die Erde braun wie das Brot.

Training

Mit dem Schlimmsten leben lernen
als wäre es schon geschehen

Weiteratmen
– wenn im vollgestopften Aufzug alle
jünger sind als du
– wenn du im Schaufensterglas das Gesicht
einer alten Frau erkennst: deines

Dem Sensenmann eine Fratze schneiden
wenn er über die Fensterscheiben leckt

Runter
von der Überholspur

Das eigene Gewissen erforschen
nicht das der anderen

Erinnerungen
füttern wie Vögel im Winter
damit sie noch einmal singen
als wäre es wieder Sommer
und Juni und du so nah
daß ich dich atmen höre
ihrem ohrenbetäubenden Zwitschern zum Trotz

Die Taue kappen, eins nach dem anderen
ehe das Schiff hinaustreibt aufs Meer

Alle Farben der Welt versammeln
im Weiß unserer Haare

Auslösen.
Warten.
Auslösen
sich die alten Fragen nach
fragen: Sag: Wem bin ich
gewachsen?
Herausfinden
aus etwas heraus
Irrgarten Türen aus
harten Armen
etwas heraus
finden

Die Einzige Geschichte

Wenn erst einmal
(manchmal dauert es zweimal oder dreimal)
Gras darüber gewachsen ist
spiegelt der Tau
diese beste aller Welten
auch über den Schlachtfeldern
und der Großvater
bläst seinem Enkel
auf einem Grashalm den Marsch
und ermahnt ihn
endlich
die Flinte ins Korn zu werfen.

Hier
    zwischen den Stühlen
und den langen Korridoren des Nachmittagslichts
den langen langsamen Rosenschatten
vor einer weißen Wand
tastend nach einem Plan einem Ort

Was wäre wenn dieser Ort Hier
wo meine Hand zum ersten Mal
flach auf deinem Herzen lag
– Baumwolle und Fleisch dazwischen –
um es einzunehmen für immer
gar nicht existierte

Nur dieser verrückte Vogel
immerzu lachend
sitzt auf der Hecke vorm Haus
vor den Rosen den Schatten der Wand

Vogel im Winter

Über dem Schnee
wo sich die Dunkelheit sammelt
schreit er und singt
auf dem Zweig eines
kahlen Baumes
brennt er
sein einziges Lied

Art und Weise, eine Himmelslerche anzusehen

Große Gedanken haben etwas Lässiges und liegen wie Kühe auf der Weide.
Friedrich Nietzsche

Hoch vom Himmel herab
Töne immer höher hinauf
Singsang aus voller Kehle
atmest du ein die salzige Luft bittere Erde paar Kiesel
Dinge so wie sie sind
Und nur das eine Gesetz
Kleine Wirbel die Knochensäule hinauf
Pappeln die Zähne bleckend
Aufgestacheltes Gras
Grüne Weidenbürsten im Wind
Dinge so wie die Bilder sind
Und nur das eine Gesetz
Traum Wunsch und Weisheit
Dinge so wie die Wörter sind
Und nur das eine Gesetz
Das ganze Instrumentarium in einem Vogelschnabel
Keine Ziele verkündend
Nur Atem und Sehnsucht leicht
vertraut und ohne Bedeutung
Notwendig und nutzlos
wie eine große Idee

Dichtung

Du hörst
den Introitus, die Invocationen
den Kaddisch, das Schahada
pfingstliches Ohrenglück Zungengeheimnis

Du hörst
die Seelenstimme des Menschengeschlechts
wo die Namen Gottes aufgehen
in Schall und Rauch
vielleicht auch
der Glaube an DEN
vor allen Namen
und im Grunde
– wie vor allem Anfang –
sogar das Wort

Inhalt

Bibliographische Information Der Deutschen Bibliothek
Die Deutsche Bibliothek verzeichnet diese Publikation
in der Deutschen Nationalbibliographie; detaillierte
bibliographische Daten sind im Internet über
http://dnb.ddb.de abrufbar.

Gesetzt aus der Berling Roman
Druck und Bindearbeit: GGP Media, Pößneck
Diese Ausgabe wurde auf chlor- und säurefrei gebleichtem,
alterungsbeständigem Papier gedruckt.
Printed in Germany
ISBN 3-421-05816-4